U0144593

What to Do When Mistakes Make You Quake

害怕犯錯
怎麼辦？

A Kid's Guide to Accepting Imperfection

幫助孩子接受不完美

書泉出版社 印行

Claire A. B. Freeland, PhD   Jacqueline B. Toner, PhD 著   Janet McDonnell 繪圖

自然就好心理諮商所 策劃   陳信昭 審閱   陳信昭 陳弘恩 陳玠綸 譯

What to Do When Mistakes
Make You Quake

A Kid's Guide
to Accepting
Imperfection

Claire A. B. Freeland, PhD,
Jacqueline B. Toner, PhD

目　錄

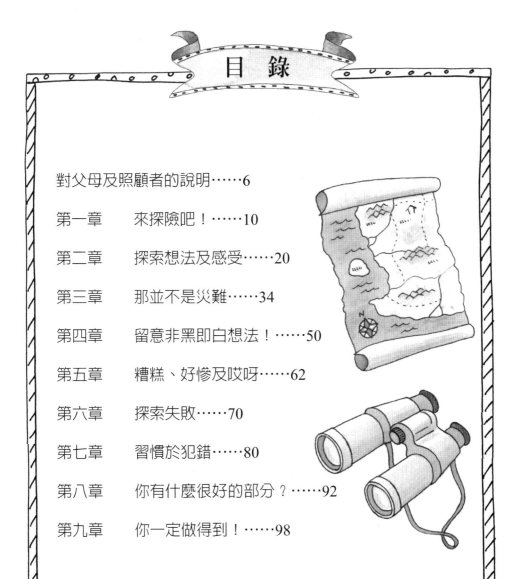

對父母及照顧者的說明

害怕犯錯是一件很自然的事。你可能會害怕在會議中講了話，或是不得體的的城市在未去過孩子也會裡迷路。事實上，這麼想。犯錯怕到不敢有些孩子怕是自己做錯卻責接受挑戰，或怪別人。孩子可能會因為擔心無法得勝而不參加活動；或者，學生可能無法如期完成作業，因為他擦拭太多、不斷重寫，或是寫得太仔細了。擔心做錯或犯錯的孩子可能會竭盡所能地控制情境以確保成功，也可能自己做失敗卻責怪他人，以負面的角度看待自己，或是批評一切。他們可能會因為擔心做錯選擇而無法下決定。竭盡所能地避免犯錯，其實是一件相當耗人心力的事情——對你和對孩子都是。

了解並接受錯誤可以幫助孩子更快從生活的挫折中恢復，並且鼓勵孩子不害怕學習新的事物。因此，當你的孩子犯錯、被三振或是無法達成目標，你可以做些什麼呢？作為父母的你如何幫助孩子願意冒險犯錯、面對失敗，以

及接受跌倒呢？當你觀察到孩子因為擔心不會成功而裹足不前，你可以如何回應呢？

　　《害怕犯錯怎麼辦》將會幫助你和你的孩子檢視導致孩子擔心犯錯的想法及信念。這本書將會提供不同的思考策略，使得在面對生活中不可避免的挑戰時可以從容不迫。基本的方法是認知行為原則，也就是認為想法、情緒和行為之間互有關聯。換句話說——一個人的想法會影響他的情緒，進而影響他的感受和行為。

　　擔心犯錯的孩子會想什麼呢？這實在很難說，因為這些信念來得很快，而且一般都超出個人的覺察之外，同時每個人的想法又可能都不一樣。當你開始幫助孩子找出他的想法，接下來你就可以幫助他留意那些沒有幫助的想法。舉例來說，假設你的孩子拒絕學習騎腳踏車，他心裡面的想法可能是「我永遠都學不會」、「我不行，我會受傷」、「我會看起來很可笑」、「如果我不馬上學會的話，我就無法掌握」，或是其他想法。

　　當你的孩子拒絕嘗試騎腳踏車，他可能受到他想法的影響——他也拒絕承認在真實經驗中自己有可能學會騎車。以下是一個不一樣的情境：有個孩子花了非常多的時間讀書，因為她覺得不可以答錯任何題目。她可能想著「假如我沒有每一題都答對，我就是完全的失敗」，或是「我必須每一題都做對，因為別人這樣期待」，或是「假如我沒有每天花幾小時讀書，並且重複確定我完全學會了，那我一定會答錯。」她每一次的成功都在說服她額外的研讀時間有其必

要。你一定知道逼迫這類孩子改變不太可能成功；因此我們在這裡反而提供一種溫和卻不同的方式來做出逐步的進展。

在你使用這本書之前，我們建議你自己先看過一遍。跟你的孩子談談你自己的成長經驗，談談你以前是如何因應她所害怕的那些犯錯經驗，還有你現在是如何因應。當你的孩子在嘗試做書中的一些練習，你可以幫助她的方式就是讓她有空間可以實驗犯錯或是實驗某些有挑戰性的事物。

在運用這本書的時候必須謹記一些有用的重點：

- 強調努力多於結果。

- 容許你的孩子犯錯 —— 不要幫孩子做他可以做的事情。

- 示範自我接納。

- 說明在犯錯時為何可以覺得自己還好。

- 展現幽默。

- 工作和玩樂要平衡。

- 孩子的成就屬於他自己 —— 不要透過孩子的成就（或錯誤）來衡量自己。

你和你的孩子正要展開未知領域的一個探索。慢慢來：一次只讀一到兩章。鼓勵你的孩子跟著書本做一些練習。一起談談書中的一些例子和練習如何運用到真實生活

中。在探索新的想法時，要做一個有耐心的陪伴者。一定要想辦法享受這段共處的特別時光。你和你的孩子可以有一些絕佳的路徑來一起遊覽。

　　所有孩子都必須面對犯錯；然而，經常掙扎於擔心犯錯的孩子可能有比較高的危險性會出現焦慮症、憂鬱症、負向行為、挫折或憤怒。你可以在「**教子有方系列**」中找到其他書籍來處理相關的困難感受及問題。必要時可以諮詢兒童精神科醫師或心理師。

第一章
來探險吧！

探險家常會有新發現。

以前的探險家們航行廣大的海洋而發現了新大陸。

他們跋山涉水而找到了一群以前從未見過的人。

現代的探險家乘坐火箭朝向宇宙旅行。

其他的探險家向深海探險，他們潛到最深最深的海底，觀察魚兒們以及其他的深海生物。

這些探險家們的共同點就是他們都造訪了那些人們不曾去過的地方。

有許多孩子也是探險家，他們常常在周遭探險，發現一些好玩的地方，並且很享受大自然。他們甚至會探索家裡或公寓裡面的空間——一個小巧且使用過的衣櫃、一個裝著老舊家庭照片的盒子，或是一間閣樓。

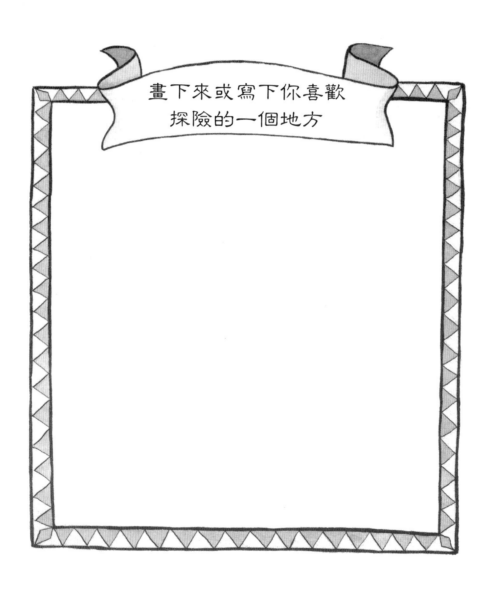

畫下來或寫下你喜歡
探險的一個地方

你曾經使用過任何東西來幫助你探險嗎？例如放大鏡、指南針或是手電筒。

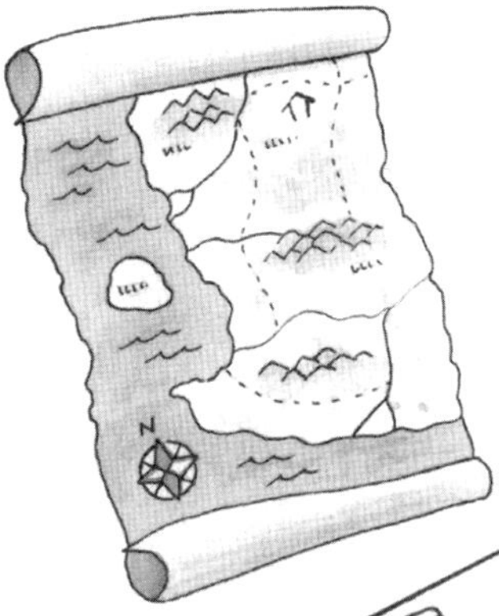

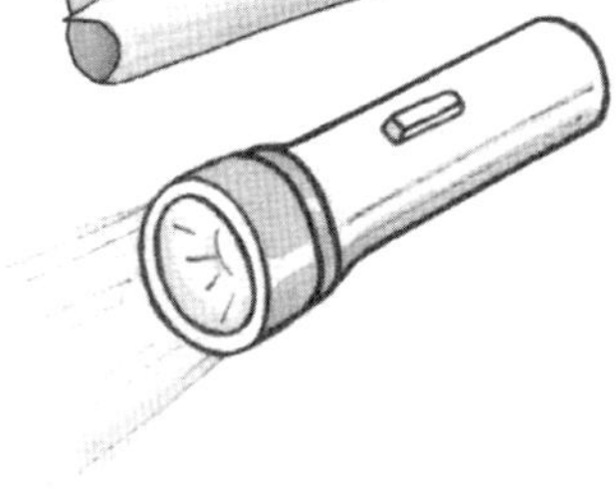

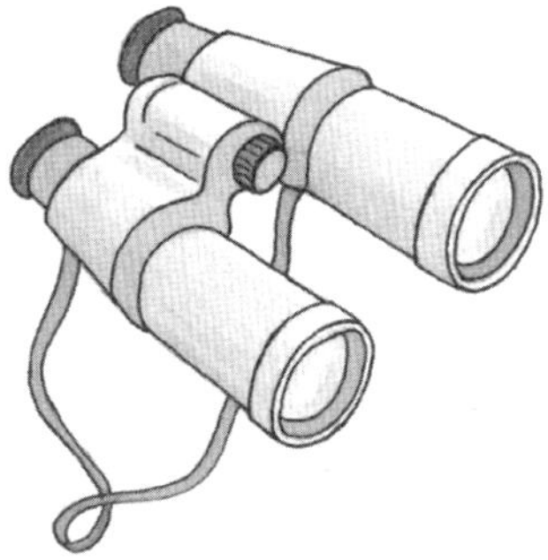

_____

_____

_____

_____

_____

_____

你找到了什麼？

_____

_____

_____

_____

_____

大部分的探險家都會花一段時間在探險上面。他們會用地圖來探險，但是可能會不知道自己在哪裡，或是不知道自己要尋找的目標是什麼。舉例來說，亞馬遜流域的探險家可能在找到想要發現的河流之前探索了部分叢林，但卻一無所獲。他們可能會走錯路，甚至有可能必須從頭開始再探險一次。

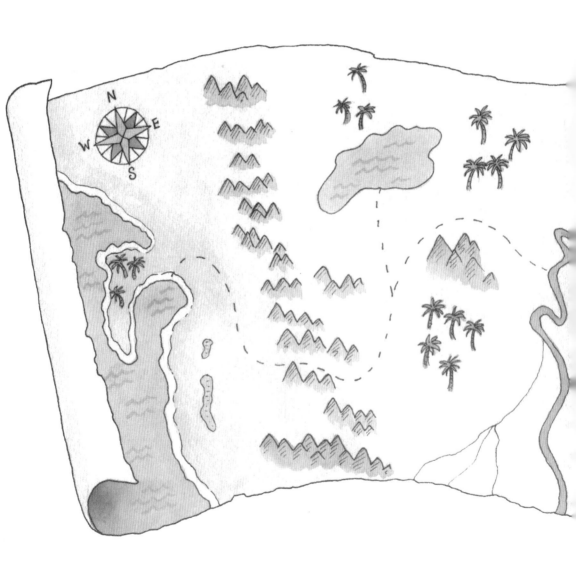

假如有一個探險家說：「只有在我不犯錯的前提下，我才會開始我的探險。」那你會對他說什麼呢？你可能會想要說服他，讓他知道犯錯也是探險的一部分。

　　或者，假設探險家在探索了一、兩個地方之後說：「我對這種探險不在行！」然後便開始哭泣。你可能會想要說服他繼續探險久一點！

沒有人想要犯錯，但是犯錯是生活的一部分。有些人不能接受自己犯錯，他們通常會⋯⋯

- 畫地自限。（除非我確定我不會走錯路或迷路，不然我不會去探索叢林。）

- 指責別人的錯誤。（因為你，我才會走錯路。）

- 跟自己說一些沒有幫助的話。（我不擅長探險。）

- 強勢的堅持自己的作法。（你只會把我們帶到錯的路，跟著我就對了。）

不能接受自己犯錯的人，通常還會有以下的這些反應：

- 無法做出決定。（我無法決定要走哪一條路。）

- 把計畫搞得太複雜，因為他們想要做出最好的計畫。（我要製作一個很精確的叢林地圖，包含每一顆樹和所有植物。）

- 等到最後一刻才開始做，因為他們會害怕做得不夠好。（我之後還有一些時間來準備這次的探險，不用現在就開始準備。）

- 花更多注意力在自己的錯誤上而不是優點上。（那個錯誤的轉彎把一切都搞砸了。）

- 在真正努力嘗試之前就放棄了。（我不覺得那個探險會成功，算了吧！）

以上這些行為有沒有跟你很像呢？假如有，你可能就是那些無法接受自己犯錯的人，那個真的很努力想要所有事情都做對的人，或是那個總是努力想要完美的人。假如你可以像冒險家一樣思考——探險、犯錯、選擇接受挑戰，然後繼續堅持下去——你就會了解到，你最好只要做得足夠好就好！假如你需要一些幫助來接受犯錯，那這本書就是為你而寫。

繼續讀下去，開始探索如何接受錯誤，並且從錯誤中學習。

第二章

探索想法及感受

想像一下你為了尋找一種非常稀有的昆蟲而來到了南美洲的亞馬遜叢林旅行，這種昆蟲可以在一天之內吃盡一整棵樹的葉子。

你知道動物和昆蟲都很擅長躲藏，小昆蟲很難被發現——即使他們可能造成嚴重的傷害！

要發現到你想尋找的昆蟲就必須謹慎、耐心地擬定策略。你也必須更專注在你平常不會注意的一些事情上面。

你能找到藏在圖裡的六隻昆蟲嗎？

　　昆蟲們很難被發現，但只要你知道你自己在尋找什麼，就比較容易發現他們。審視自己的感受也是如此。找到文字來描述你的感受就像尋找昆蟲一樣難。你需要耐心還有練習才能發現你內心的感受。感受這種東西在一開始的時候很難說得出來，但是你一旦知道自己在尋找什麼，就更容易去發現自己內心的感受。

喬許必須要完成一個關於探險家達伽瑪的報告。他有一個月的時間可以準備，但目前為止，他的進度仍然落後，也擔心自己無法如期完成。

　　他嘗試在網路上搜尋資料，但是他不知道老師想要的是什麼。所以他就一直玩電腦遊戲，而不是努力完成他的作業。

　　當他的父母發現他在玩電腦，喬許的臉立刻變得紅通通。他開始感到頭痛，不敢告訴父母自己不知道什麼資訊重要、什麼不重要。每當他的父母來檢查，他的手就流更多汗。

可憐的喬許！人們的強烈感受會顯示在他們的身體上面。可以透過這些反應去得知一個人的感受。

喬許需要你幫助他確認自己的感受。

拿一枝鉛筆或是螢光筆，然後再念一次喬許的問題。這次你要把有關喬許內心感受的線索圈起來。提示：有三個線索！試著找到它們。

你發現三個線索了嗎？

一旦你知道自己正在尋找什麼，你便可以開始發現自己的感受！

- 假如喬許發現自己的臉頰變紅或變熱，那可能暗示他感到不好意思。

- 假如喬許的額頭感到緊繃或是開始頭痛，那可能是因為他感到挫折。

- 假如喬許的手掌開始流汗，那可能代表他感到焦慮不安。

喬許想要他
的作業表現得非
常完美，他不想
要出任何差錯。
想一想你有沒有
曾經因為犯錯而
心煩意亂呢？

你有沒有曾
經因為犯了錯而
心煩意亂，使得
身體出現某些反
應呢？把它們圈
出來。這些反應
是你內心情緒的
線索。把你身體
感受到反應，跟
有關你情緒的詞
語連在一起。

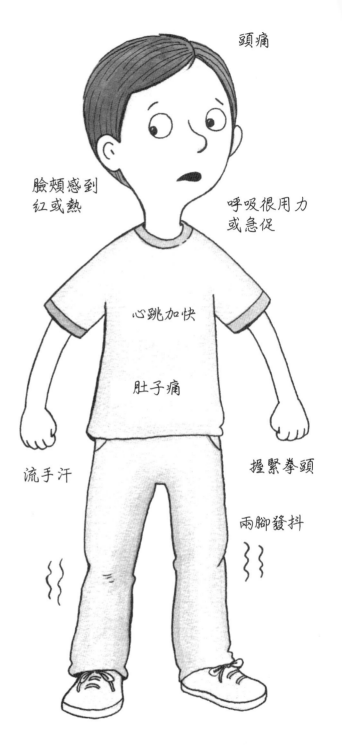

頭痛

臉頰感到
紅或熱

呼吸很用力
或急促

心跳加快

肚子痛

流手汗

握緊拳頭

兩腳發抖

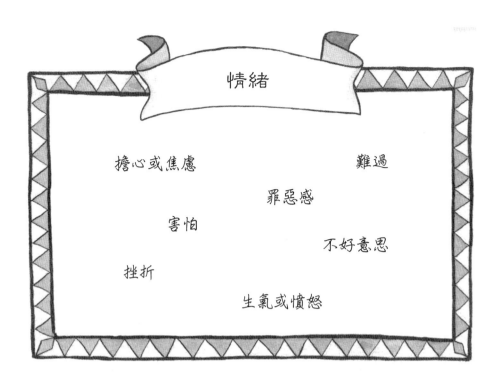

情緒

擔心或焦慮　　　　　　　難過

罪惡感

害怕

不好意思

挫折

生氣或憤怒

　　你的探險表現得很棒！你已經學習到在你因犯錯而心煩意亂時，你的身體會如何反應。

　　當你確認了你的感受，你可以做什麼呢？擁有這些感受並沒有錯──你生氣、害怕、尷尬、擔心或是任何你經歷的感受都沒問題。你這些不舒服的情緒正在告訴自己說你有些問題必須解決！所以，該是**想想**的時候了。

　　是的，該是想想的時候了。因為你的思考方式將會影響你的感受。應該來看看什麼是想法了。

以下有一些關於孩子因犯錯感到難過而出現的想法：

- 我沒踢進那顆球。
  我是個糟糕的運動員。

- 我吹錯了調子。我對
  吹喇叭眞的不行。

- 這些杯子蛋糕太可怕了，撒
  在上面的糖粉正在融化，沒
  有人會喜歡這些蛋糕。

- 我寫的故事最糟糕。
  我不會寫故事。

就是有了這些想法，難怪他們會感到難過。沒有人喜歡犯錯，但是那些想法讓事情變得更糟！我們把那些會使事情變得更糟的想法稱作**沒有幫助的想法**。我們可以問問自己，那些**沒有幫助的想法**是否有道理，或者有無其他方法可以讓我們感覺好一點？這些能幫助我們感覺好一點的想法就叫做**挑戰想法**。現在該來挑戰一下那些**沒有幫助的想法**了。

- 我沒踢進那顆球。要踢進那顆球難度很高。

- 我吹錯了調，但我相信假如我練習更多一點，我一定會吹對。

- 那些糖粉正在融化，但它們仍然很好吃。

- 上週老師把我的故事貼在黑板上，看來這次我需要一些幫助。

　　這看起來比較好一點──這些**挑戰想法**改變了一些事情。這些孩子對自己感到好一點，心情也比較沒那麼難過了。

　　多麼棒的一個發現呀──**改變你自己如何看待犯錯這件事可以改變你的感受！**

29

挑戰想法可以幫助人們感覺好一點。而當人們感覺好一點的時候，他們可以完成更多事情、可以相處得更好、可以不斷嘗試，或是更順利地解決問題。

但是想法來得非常快。

要迅速找到有用的**挑戰想法**需要一些練習。

試著跟你的父母或其他大人一起玩這個遊戲。想像某些探險家會出現的問題和**沒有幫助的想法**，像是：

- 克里斯多福‧哥倫布闖入了一個未知的陸地，正當他嘗試航行到亞洲但卻找不到亞洲這塊陸地時，他可能會想：「我真的搞砸了，伊莎貝拉女王一定會氣壞！」

- 一個名叫艾德蒙·希拉蕊的男人嘗試爬上一座位於尼泊爾的高山。正當他與他的夥伴正準備攻頂的那天，天上颳起了大雪與大風，使得他們無法離開帳篷。而隔天的天氣非常寒冷，使得他的靴子都結冰，必須花一整天的時間來讓他靴子上的結冰溶化。他當下可能會想：「我們**永遠**無法登上山頂了！」

- 凱特琳班上大部分的女生都已經會騎腳踏車了，但是凱特琳還不會。她的爸爸帶她出門去練習騎腳踏車，但是她卻一直摔倒。她可能會想：「我一定永遠都學不會騎腳踏車了！」

好，現在選剛剛那些或發生在你身上的其中一個例子。將計時器設定一分鐘，然後大聲喊出你能想到的所有**挑戰想法**，來取代剛剛那些<u>沒有幫助的想法</u>。找一個人幫你把喊出來的內容都寫下來。一分鐘到了之後，把你認為最棒的**挑戰想法**圈起來，這個想法可以幫助你思考更清楚、幫助你保持冷靜，還可以幫助你解決問題。你是第一個就想到這個，還是花更久的時間才想到呢？

順道一提，剛剛說的那些錯誤例子最終都帶來真正的偉大發現。你能猜到嗎？哥倫布發現了美洲，希拉蕊和他的登山夥伴登上的山是世界最高峰──聖母峰，而他們是世界上第一位爬上去的人。凱特琳是一個真實存在的人，她已經長大了，而且她每天都騎腳踏車去上班。

有時候一些小錯誤是某些很棒的事情的開端呢！就算不是，挑戰那些**沒有幫助的想法**可以幫助你度過困難的時光。

你知道有不同種類的**沒有幫助的想法**嗎？

　　災難化、非黑即白的想法，或是**自我批評的想法**
都對自己沒有幫助。

　　繼續往下讀，跟著書本一起去認識這些**沒有幫助的
想法**，還有學習如何去挑戰他們！

第三章

那並不是災難

火車撞毀、颶風帶來破壞、地震造成災害，以及其他的災害算是災難；犯錯或某些事情做得不夠好並不是災難。但是，有些人會認為不完美是一種災難。

34

　　災難化想法是一種沒有幫助的想法，它會出現在有人把小煩惱看成大災難的時候。災難化想法會像雪球滾下山一樣越滾越大。一位好的探險家必須留意走過的路徑是否會有雪球滾下來。

35

災難化想法經常起於一些小小的煩惱，你越想它們就越來越長大。你有做過雪人嗎？如果有，那你就會知道雪人的底部一剛開始做得蠻小的，但當你滾動雪球之後，它就會變得越來越大……

越來越大……

越來越大！

我考試會搞砸

我整學年的課都會當掉

災難化想法也會像滾雪球一樣越來越大。一個小煩惱可能引發一個更大、不合現實的想法，一直大到你認為會發生一件**很巨大又恐怖**的事情。

　　馬克就有這樣的問題。他沒有充分的時間來準備隔天的重要數學考試，於是他開始煩惱在考試中他該怎麼辦，好……我們來看看他的想法是如何「滾雪球」！

高中數學考試我一定會來不及準備

我會沒辦法進到好的大學

一旦**沒有幫助**的想法開始出現，你有時候很難理解怎麼會跑出那麼恐怖的想法。一旦它找上你，它看起來會像是一個非常真實的煩惱。

試看看你是否能發現這些想法如何滾雪球。從最小雪球裡面的小問題開始，然後在空的雪球裡面填入一些想法，以顯示這些孩子的想法如何像滾雪球般滾成非常大的煩惱。

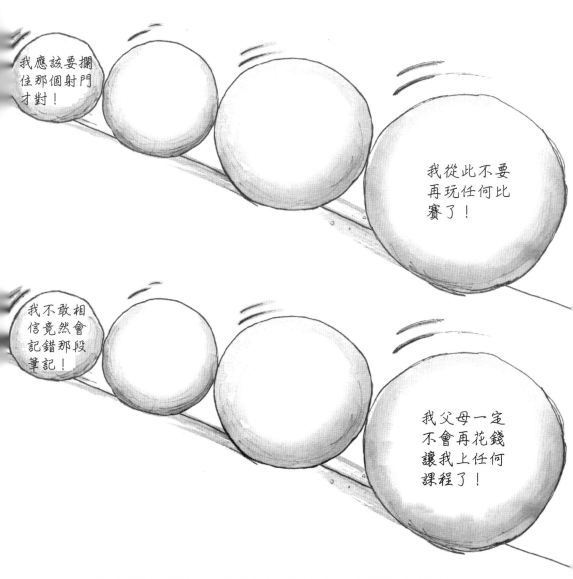

　　當**災難化想法**的雪球快要失控時，有用的作法是在它們長大之前先挑戰它們。記住，很多人有馬尾凸、會攔不住射門，也會記錯筆記，這些都不用把它們想成災難。

災難化想法會像滾雪球般越來越大，但那並非它們唯一的方式。

當一個人不斷想著某件壞事就要發生的時候，有時候災難化想法可能是他腦海中最早出現的想法。

噢！你可能在最後那句話點出了一個問題。

你有留意到那句話提到「就要發生」？在那些字裡面藏有線索。當人們想到了災難化想法，他們會認為某件事就要發生，但事實上他們並不知道是否真的會發生！他們是在預測未來。

以下有一個例子：

朋友邀請莎朗去她家過夜，但莎朗過去沒有這種經驗，因此感到相當緊張。她的腦袋中不斷想著究竟會發生什麼樣的事情。

有哪些字在告訴你，莎朗正在預測未來，也就是，正在想著就要發生什麼事——想到**災難化想法**——把那些字圈起來。

我不清楚凱西家的規定！我一定會做出一些蠢事，那就很尷尬了！她爸媽一定會認為我很沒禮貌，以後一定不會再讓我跟凱西一起玩了。

好消息是你可以**挑戰**那些**災難化想法**。假如莎朗告訴自己說那些事情可能會發生，但也可能不會發生，那會怎麼樣呢？她可能仍然會感到緊張，但不會那麼嚴重。

運用你的探險家技巧，找出漢娜在不完全知道會發生什麼事的情況下如何預測未來：

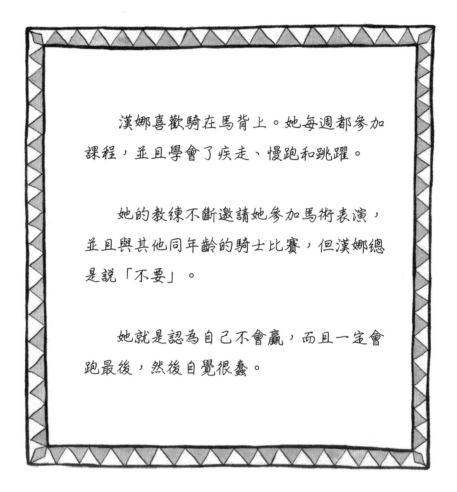

漢娜喜歡騎在馬背上。她每週都參加課程，並且學會了疾走、慢跑和跳躍。

她的教練不斷邀請她參加馬術表演，並且與其他同年齡的騎士比賽，但漢娜總是說「不要」。

她就是認為自己不會贏，而且一定會跑最後，然後自覺很蠢。

首先，圈出漢娜的**災難化想法**。提示：找找看有哪些事情是漢娜認為一定會發生，但實際上只是**有可能**發生。

漢娜的想法問題就出在這些想法不斷說服她連一次馬術表演都不要參加。

漢娜可以如何**挑戰**這些想法呢？她可以告訴自己說這些事可能會發生，但也很可能不會發生。

她也可以像個探險家一樣去蒐集馬術表演會出現什麼狀況的相關訊息。這可以讓她對**可能**發生的事情有更多的了解，而不是由**災難化想法**來告訴她**將會**發生什麼狀況。

我們來看看漢娜如何進一步探索，並且考慮到其他更符合現實及有幫助的想法。

假如漢娜決定戴上探險家的帽子，並且尋求更多的訊息，她可以：

- 詢問有參加過馬術表演的其他孩子有關他們的經驗。

- 詢問老師在馬術表演當中她會被要求做些什麼。

- 去觀看一場馬術表演，看看那究竟是怎麼一回事，還有其他同年齡的孩子騎得怎麼樣。

假如她真的做了這些事，她可能就會發現到：

- 馬術老師知道孩子在馬術表演中會被要求做些什麼，而且老師會幫助學生練習這些技巧。

- 並非每個人在馬術表演中都可以成功完成每一個技巧，即使之前在練習過程中都做得很好。

- 多數孩子在某些技巧上面做得不錯，大家也都還蠻替他們高興。

那麼漢娜就會體會到，儘管她**有可能**在馬術表演中犯錯，她並不會是唯一的一個。

她也可能會體會到，即使她犯了錯，她還是**可以**把其他技巧做得相當好。

有了這種更合乎現實的了解之後，漢娜可能會覺得好一點，但她很可能還是會感到緊張。

當你對嘗試新的事物感到害怕，有幫助的作法是仔細想想假如狀況變糟會怎麼樣。你可能就會發現，一旦你真的思考過，可能發生的最糟狀況其實不太可能真的發生。

　　漢娜最害怕的是無法讓馬做任何事。她在腦中想像一個畫面，她坐在馬背上用力驅策馬前進，但馬卻忽視她，只顧著自己在草地上使勁吃草。

　　她很確定的是，假如馬真的這樣做，其他孩子一定馬上停下所有動作，然後聚在她旁邊大聲嘲笑她。

　　我們來幫助漢娜脫離困境。我們可以提醒她，儘管壞事有可能發生，但變得那麼糟的機會其實相當小。即使她的馬有點不合作，牠還是有可能不會拒絕做出她希望牠做的多數動作。況且，即使馬當天真的使性子，其他孩子可能忙著自己的事情，無法停下動作而來取笑她。他們甚至**有可能**太忙而連看都沒看到呢！

　　當你對嘗試新的事物感到害怕，想想看你最害怕的事情是多麼不可能真的發生。

還有另一種**災難化想法**。除了想到某件事情**就要發生**，而事實上只是**有可能**發生以外，有時候孩子想到**每件事**都會很恐怖，而事實上只有**某一件事**可能出錯而已。

　　戴上你的探險家帽子，幫助傑克找出他的「每件事都會出錯」的災難化想法。圈起這些想法或畫底線：

　　　傑克被他最好的朋友邀請去參加生日趴。他聽說生日趴是在一間攀岩館舉辦。傑克從未去過那裡，但他感到害怕。他害怕攀岩牆會很高，也擔心繩子可能會斷掉。他也想著萬一自己爬不快，別的孩子可能會取笑他。他還想到自己不愛吃香草口味，可是朋友的生日蛋糕上面可能會有。他甚至還想著他家人可能趁他參加生日趴的時候一起去做一些很有趣的事情。他也有想到朋友可能會邀請經常嘲笑他的喬治參加生日趴。

我們來幫助傑克脫離困境。寫下你認為傑克在生日趴裡面可能很喜歡的一些事情，其中一定要包括他認為會出錯、但事實上可能會變成好事的一些狀況。以下是提示：傑克可能發現自己對攀岩還蠻厲害的！

_____

_____

_____

若是**災難化想法**擋在前面，就要清除障礙：

* 不要讓你的想法滾雪球。

* 不要預測未來。

* 不要假設每件事都會出錯。

* 不要忘記有些事可能會進行得很順利。

不確定你是否正在想著**災難化想法**嗎？可以去跟一個大人談談，試著一起找出來。

在你挑戰**災難化想法**的時候，你還是可以繼續你的旅程、走一些新的路徑，並且發現新的技巧！

第四章
留意非黑即白想法！

想像一下有一群海洋學家正在深海尋找一種罕見魚類。假如他們已經努力尋找了很久，但卻還沒有找到要找的魚類，那他們肯定感到喪氣。現在想像一下探險隊的其中一位成員說出他們有多失敗，並且說他們一定沒有辦法找到要找的魚類，因爲他們是最糟糕的一群探險家。這個人是以極端的方式在思考：假如團隊沒有成功，那他們就是失敗，彷彿這兩者之間不存在任何東西一樣。

這就是**非黑即白的想法**。

非黑即白的想法是另外一種沒有幫助的想法。它代表你認為事情不是全壞就是全好，中間沒有東西。**非黑即白的想法**會讓人想到，錯誤和失敗表示一個人就絕對不可能會成功。

　　以下是有些人在發生錯誤或沒有成功的時候會出現的**非黑即白的想法**：

你注意到這些字有什麼特點？它們都是極端字眼。它們看起來也好像不可改變——一旦你運用了**非黑即白的想法**，你就是給予自己無法改變的特質。

假如不要用這些**非黑即白的想法**，比較不極端且不那麼不可改變的想法會像是：

這些想法對你而言有沒有比較不那麼**非黑即白**？你認為這些想法可以幫助孩子感覺好過一點嗎？你認為這些想法可以鼓勵孩子繼續努力、不要放棄嗎？

美蒂正想著**非黑即白的想法**。她學體操已有三年，一起開始學習的同學有一半都已經升了一級，但教練認為她還沒準備好。美蒂想著「我真是一個柔軟度不好的笨瓜！我永遠不會做得好，我不學了！」

你有抓到美蒂所運用的字眼嗎？「柔軟度不好」和「笨瓜」聽起來像是不能改變的特質，而「永遠不會」就是，嗯……永遠不會！她正在用**非黑即白的想法**給予自己無法改變的特質。

假如美蒂這樣想「班上一半的人比我更有進展，或許我必須每天晚上都練習拉筋，好讓自己的身體更加柔軟，然後也要繼續在課堂上練習更難的技巧。」

你認為這樣她會感覺好一點，並且繼續留在班上嗎？

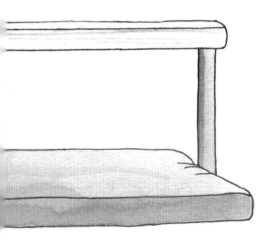

你有留意到美蒂也在看輕自己嗎？

當美蒂用了「柔軟度不好」、「笨瓜」和「永遠不會做得好」這些字眼，她就是在批評自己。她對朋友可能都不會想到這些字眼。

美蒂正用**非黑即白的想法**來自我批評。

她正在給予自己負面的特質（**自我批評的想法**），並且認定這些特質永遠不會改變（**非黑即白的想法**）。

假如你抓到自己正跟美蒂一樣使用**自我批評**字眼，你可以挑戰**非黑即白的想法**，方式是想一想問題有沒有可能只是暫時性或是可以改變。

這需要一些練習，但透過挑戰你的**非黑即白的想法**，你就可以掌握住這些**自我批評的想法**，並且學會對自己更好一點。

把這些陳述對照一下，可以發現將事情想成只是暫時性就可以挑戰**非黑即白的想法**。在這一面，你的想法會是事情將永遠如此；在另外一面，你就會發現一種**挑戰想法**。劃一條線將每一個非黑即白的想法連到相對應的**挑戰想法**。

非黑即白的想法

- 我的歌聲好恐怖

- 我畫畫不行

- 我一個球都不會丟

- 在那個失誤之後，沒有人要跟我玩了

挑戰想法

- 聽眾沒有發現我跳過一些歌詞

- 我必須努力練習丟球技巧

- 每個人偶而都會漏拍

- 學好畫畫需要很多練習

字眼可以指出你是在通往清晰想法的正確道路或錯誤道路上。想像你是一個探險家，正在尋找一條通道來越過高山區域。你需要找出一些線索來告訴你前方道路通暢無阻。

　　去拿兩種不同顏色的筆，就紅色和綠色好了。用紅色筆在由「**非黑即白字眼**」所造的通道上畫×；用綠色筆在有助於人們用更合乎現實的想法來思考，或是有助於挑

戰非黑即白的想法字眼上面畫○。好棒！很快你就會通過高山區域，你不會堵在山裡頭，反而可以探索另外的那面土地。

　　現在你已經知道如何找出**非黑即白的想法**，並且抓到這些**自我批評的想法**，即使它們只是很快地閃過去。

非黑即白的想法也會讓人難以嘗試新事物。

馬克想要學空手道，他爸爸便帶他到家附近的一間空手道館看看。馬克說「嗯，爸爸，我想這學費太貴了，而且我大概不會喜歡。」他爸爸感到訝異，並告訴馬克，課程其實沒那麼貴，而且他也知道馬克之前一直很想要學空手道。

到底發生了什麼事呢？

或許你猜對了！馬克看著課程進行時，他看到那些孩子做出許多驚人的動作。有一個男孩踢腳踢到幾乎是他鼻子的高度呢！還有一個同校女孩用腳踢破一塊木板！馬克想著「我絕對做不出這種動作！我一定會看起來很笨拙、很弱！」

那些想法來得很快！你有抓到那些「**非黑即白**」的字眼嗎？假如沒有，再讀一次馬克的想法，直到你看出它們。

假如馬克的爸爸真的知道馬克當時在想什麼，他就可以對馬克建議一些**挑戰想法**。你可以在這個清單下面增添一些你自己的意見嗎？

- 學習像空手道這種技巧需要很多練習。
- 要教這些孩子這麼多困難的技巧，這一定是一位很棒的老師！
- _____
- _____

提醒自己去挑戰**非黑即白的想法**，並且走一條可以繞過阻礙的道路。

第五章
糟糕、好慘及哎呀

強恩和艾咪是鄰居。在他們家後面是一個有溪流經過的公園。他們的父母允許他們去探索這個公園,於是他們就帶著防曬霜、飲用水和其他裝備上路,很興奮地展開他們的探險。

首先,他們沿途看到了一些野花。艾咪想要拍張照片,他們便停止腳步,艾咪開始找她的相機,卻發現自己忘了帶相機。糟糕!

在公園繞了一陣子之後,強恩建議停下來吃點心。他拿出優格擠壓管出來,卻不小心把優格擠到衣服上面。好慘,亂成一團。

在他清理好並且吃完點心之後，他們決定沿著溪流走下去。他們看見幾隻烏龜在石頭上爬，艾咪說：「那裡，你有看到那三隻烏龜嗎？」

強恩回答：「在其他石頭上還有六隻烏龜。」

「哇！」艾咪說：「有八隻烏龜呢！平常根本都看不到。」

「三加六等於九，艾咪。」強恩糾正她。

「哎呀！」艾咪口中念念有詞，「我指的就是那個意思嘛！」

強恩和艾咪每個人都犯了不同的錯誤，你能指出他們的三個錯誤嗎？

強恩的錯誤：1.＿＿＿＿＿＿＿＿＿＿＿＿＿＿＿＿＿

艾咪的錯誤：2.＿＿＿＿＿＿＿＿＿＿＿＿＿＿＿＿＿

3.＿＿＿＿＿＿＿＿＿＿＿＿＿＿＿＿＿

有些錯誤是**忘記**，像是你忘了帶某樣東西或忘了做某件事情（「糟糕」）。

　　有些錯誤是**意外**，像是你做錯了某件事，但你並非故意。舉例來說，可能你撞到某個人或是弄倒了某樣東西（「好慘」）。

　　有時候錯誤是因為**不注意**，像是你因為趕時間或沒有留意而做錯事（「哎呀」）。

我們來看看做錯事情之後該做些什麼。當你犯了「忘記」的錯誤，你必須**解決問題**。舉例來說，假如你忘記帶便當到學校，你必須想想怎麼做才能吃到午餐。

現在，想一個你曾經犯過的「**忘記**」錯誤。那時候你有解決那個問題嗎？假如有，你做了什麼？假如沒有，你可以想一下萬一下次又忘記時你可以做些什麼呢？

我的錯誤_____

_____

那次發生時我做了_____

_____

下次發生時我要_____

_____

當你犯了「**意外**」的錯誤，你必須**清理**或**道歉**。假如你弄倒了飲料，你必須**清理乾淨**。假如你撞到某個人，你應該**道歉**。

現在，想一個你曾經犯過的「**意外**」錯誤。你有做

（或應該做）什麼來修補意外嗎？該對誰說「對不起」嗎？

我的錯誤＿＿＿＿＿＿＿＿＿＿＿＿＿＿＿＿＿＿＿

＿＿＿＿＿＿＿＿＿＿＿＿＿＿＿＿＿＿＿＿＿＿＿

那次發生時我做了＿＿＿＿＿＿＿＿＿＿＿＿＿＿＿

＿＿＿＿＿＿＿＿＿＿＿＿＿＿＿＿＿＿＿＿＿＿＿

下次發生時我要＿＿＿＿＿＿＿＿＿＿＿＿＿＿＿＿

＿＿＿＿＿＿＿＿＿＿＿＿＿＿＿＿＿＿＿＿＿＿＿

當你犯了「**不注意**」意外，你就必須做**修正**。你可能必須在家庭作業上面修正答案，或是重做一遍。

想一個你曾經犯過的「**不注意**」錯誤。你做了什麼？萬一下次又忘記時你可以做些什麼來修正呢？

我的錯誤＿＿＿＿＿＿＿＿＿＿＿＿＿＿＿＿＿＿＿

＿＿＿＿＿＿＿＿＿＿＿＿＿＿＿＿＿＿＿＿＿＿＿

那次發生時我做了＿＿＿＿＿＿＿＿＿＿＿＿＿＿＿

＿＿＿＿＿＿＿＿＿＿＿＿＿＿＿＿＿＿＿＿＿＿＿

下次發生時我要＿＿＿＿＿＿＿＿＿＿＿＿＿＿＿＿

＿＿＿＿＿＿＿＿＿＿＿＿＿＿＿＿＿＿＿＿＿＿＿

當你犯錯，以下的作法不會有幫助：

- 對自己說批評的話。

- 把紙撕碎。

- 認爲是別人的錯。

- 說自己做的錯事其實是對的。

一旦孩子用那些方式做反應，他們會很不舒服，同時也失去從錯誤中學習的機會。一旦你犯錯，就負起責任。那意味著要做某些對的事情——不管是**解決問題**、**清理**、**道歉**或是**修正錯誤**。

現在換你來幫助這些孩子好好地處理錯誤並負起責任！針對每一個例子，把處理錯誤的最佳方式圈起來：

「不注意」錯誤：

馬修在紙上畫了一隻狗，但尾巴畫太長。圈出你認爲他處理這個錯誤的最佳方式：

擦掉並重畫一次　　　　　　把紙揉掉

「忘記」錯誤：

艾莉卡把韻律服放在家。圈出你認為她處理這個錯誤的最佳方式：

她說：「媽，妳為什麼不提醒我？」

之後她開始每天晚上檢查背包，以確保她帶了隔天需要用的東西。

「意外」錯誤：

哈利回座位時踩到潔西卡的腳。圈出你認為他處理這個錯誤的最佳方式：

他說：「很抱歉，妳還好嗎？」

他繼續走並且不理潔西卡，認為她不該把腳伸出來。

一旦你犯了錯誤，就負起責任，然後替你自己能夠好好處理而感到自豪。從錯誤中學習，然後繼續下去。你還有更多探索要進行！

第六章

探索失敗

探險家在出發的時候並不知道他們會發現什麼，因此他們必須準備好面對不可預期的狀況。同時，他們也必須做好失望的心理準備，因為並不一定都能找到他們想要發現的事物。

大約1850年，加州發現有金礦。事情傳出去之後，人們開始大量湧入該州尋找淘金的機會。許多人在過程中面對極大的艱辛。並不是每個人都獲得成功；有些人不得不放棄他們的淘金夢。

在克服那麼多挑戰之後到達加州，你可以想像那些放棄淘金夢的探險家內心的想法和感覺會有多強烈。

你認為那些探險家如何處理他們的失敗呢？

有時候你必須**接受失敗**。在這種情況下，**接受**並不是對自己說「噢，好吧！我不在乎。」而是對自己說「這很難過、不舒服，但我可以撐過去。」

　　不喜歡犯錯的孩子在事情不照他所希望那樣發生時，特別困難面對。但失敗就很像是身體癢而你不去抓，或許那會困擾你一陣子，但慢慢地那種癢感自然就會消失不見。

　　一旦你感覺好一點（癢感消失），就可以將焦點從失敗轉到你有多努力嘗試以及未來你可以做些什麼。那是獲得**不同視野**的一個例子。

　　有**不同的視野**意味著以不同的方式看待某件事情。

　　假如你有了**不同的視野**，會發生的一件事就是你可以從錯誤中學習。

以下是另一個例子。

看這張圖：

　　你看到什麼？你可能看到兩個人的側面圖，但假如你繼續看，你可能會看到一個花瓶。這種圖片稱之為視覺的錯覺。你可以看見某一種東西，然後有了另一種**視野**之後，你就會看到另一種東西。

　　如同你用不同方式來看視覺錯覺圖之後，就可以改變你所看到的東西，透過對失敗有不同的想法，你就可以改變對失敗的態度。很酷，對不對？

既然你已經對視覺錯覺圖練習了新的**視野**，我們來看看失敗。

　　以詹姆斯發生的事為例。他很認真組裝了一台小賽車去參加生平第一次的四驅車比賽。他花了一整個週末來組裝，但他沒有贏得比賽。他輸得很慘，之後花了好幾天才感覺好一點。

　　從失望復原之後，他開始想到如何改善他的設計，好參加明年的比賽。詹姆斯決定要再嘗試一次。

　　伊先也組裝了一部車參加競速比賽。他也花了許多時間組裝賽車但也沒有贏。他同樣輸得很慘。

　　在感覺好一點之後，他做了跟詹姆斯不一樣的決定，就是明年不再參加比賽。他之前錯過了社區足球聯盟的許多球賽，他決定再重回那一項活動。

處理失敗的方式不只一種。你可以**再嘗試一次**，或者你也可以**算了**。

如同看視覺錯覺圖有兩種方式，詹姆斯和伊先在面對沒有贏得比賽的情況也有不同的看法。他們對他們的四驅車比賽經驗有不同的**視野**。詹姆斯決心改善他的設計並且**再試一次**；伊先決定將時間花在踢球，所以對四驅車比賽**就算了**。伊先認為要能在明年比賽獲得好成績必須花許多時間而且很辛苦，因此做了符合現實的決定，選擇將精力花在足球上面。他很高興自己有嘗試過比賽，但算了會是一個比較聰明的選擇。

想想某件你曾嘗試但失敗的事情。

畫下或寫下那次的經驗

你花了多久才感覺好一點？

_____

你再嘗試一次或算了？

_____

以下是另一個例子：瑪雅喜愛足球，很想要改善她的攻擊技巧。她每天都練習射門。她練習在左上角踢球；她練習守門員的拋球；她甚至還練習頂球。她很努力地讓自己的攻擊變得更好、更精確。在她比賽足球時，她有時候可以得分，有時候會射歪，有時候球會打中門框！瑪雅不可能百分之百每次射門都得分！射門得分只是比賽中的一部分而已。

　　在經過努力和練習之後，她從不畏懼射門，即使有可能會失誤。要能夠那樣想也需要練習。瑪雅要能夠坦然面對射門沒得分，她必須能夠想著沒得分也還好，她也必須表現得好像沒得分也還好！

如同詹姆斯，瑪雅對活動真正感到興趣，也想要改善她的技巧。如同瑪雅，你不會每一次都成功，但你可以盡情地嘗試。那需要練習，但你可以改變你的**視野**並且**接受失敗**。一旦你能夠做到這樣，那就像發現金礦一樣那麼棒！

第七章

習慣於犯錯

洞穴探險家要戴頭盔保護，也要有頭燈才能看清楚前面的狀況，但即使如此，洞穴裡面還是相當暗。他們會利用雙手來引導自己並且發現有趣的岩石造型。

經過幾小時的洞穴檢查之後，該回基地營午餐了。因此他們摸索回到洞穴的入口，走出洞穴來到太陽底下，然後……完全看不到東西！

怎麼回事呢？

你不必是一位洞穴探險家也會有類似的經驗，像是你在出太陽的日子走出房子，當下被快速閃過來的陽光照到而看不到任何東西。此時的狀況就是你的身體正在習慣某種新的事物。

假如你能這麼想，你就會明白你的身體也能夠用同樣的方式來調適感受。

有時候當人們嘗試一些自己並不習慣的事物，他們會感覺心跳加速、呼吸加快，或是肚子不舒服。

我們稱這種感覺叫：

人們很有趣的一件事情就是，**焦慮**的運作方式就像是被陽光閃得看不見一樣。

　　我們的身體並不會真的長時間保持在**焦慮**的狀態，假如我們堅持下去，我們的身體反應就會逐漸平靜。

　　但是……假如我們逃避嘗試某種新的事物，或是太早離開情境，我們的身體就沒有足夠的時間來調適。

　　假如你**面對你的害怕**，並且持續做讓你**焦慮**的事情足夠長的時間，好讓你的身體可以平靜下來，你的身體就學會不要過度反應，那麼下次當你再次嘗試的時候，你就比較不會感到**焦慮**。

凱文很難忍受作業上面有小錯誤，因此他會不斷擦拭。甚至極小的錯誤他也會擦掉，像是字與字之間空格太大或是最後一畫寫太長等等。

　　他不斷擦拭使得作業紙有時候會破洞，當然，紙上有破洞只會讓他更加**焦慮**，於是他就會把整張紙揉掉再重寫。由於他這麼做，凱文做作業總是花費很長的時間。在學校，他完成作業的時間永遠不夠用；在家裡，花太多時間寫功課使得他錯失許多有趣的活動。而且，每次凱文做錯，他的身體就會發出警報——流汗、想哭、發抖和噁心。

凱文的老師建議，在接下來的三週，凱文每頁作業都要故意出現至少五處小錯誤，以便來**面對他的害怕**。剛開始凱文很難故意做出任何小錯誤，但他還是努力做到。最後，他做作業就不會擦拭得那麼多，最終也能夠習慣於偶而犯錯而不去留意，當然也就不會覺得不舒服了。

　　正如探險家從黑暗的洞穴走出來之後，最終能適應陽光，凱文的身體最終也能更自在地適應犯錯。透過將錯誤留在作業紙上，凱文教導身體不要把錯誤當作是一件很恐怖的事情來加以反應。他的身體就不會把每個錯誤都當做是緊急事件來反應了。他也就能夠犯錯而不會感到不舒服。

　　他的想法也有改變：現在他認為犯錯不是一件大不了的事情。他在學校的表現還是一樣好，但他感到更快樂，因為他在完成作業之後有較多的時間可以玩。

現在輪到你犯一些錯誤了！你需要有一位父母或可以信任的大人來一起努力。我們稱呼那個大人叫做教練。

一開始跟你的教練擬出一張清單，寫上你擔心會犯的錯或是害怕會失敗的事情。或許你是在擔心老師叫你起來回答的時候說不出正確答案，或是輪到你打擊的時候卻被三振出局。

你的清單

接下來是做讓你**焦慮**的事情的時候了。你可以從小事情開始，但不要太容易。最好是讓你有一點不自在的事情，但還是堅持做下去。想個方法從一小步開始，然後是中等的一步，再來是一大步。

以下是一些例子：

害怕在學校話劇表演中說錯台詞：

一小步——在預演中故意說錯一句台詞中的一部分。
中等的一步——在預演中故意漏掉一句台詞。
一大步——在正式表演中故意選擇一個字說錯。

害怕在我朋友面前說錯話：

一小步——說錯一個字，像是把中說成宗。
中等的一步——跟朋友談話時說一句廢話。
一大步——在一句話當中犯幾個錯誤。

想一想你在清單上面寫下的擔心。你可以採取什麼步驟來**面對你的害怕**呢？步驟的選擇取決於你，因為只有你知道自己的感覺。假如你覺得需要更多步驟，你可以自行添加。

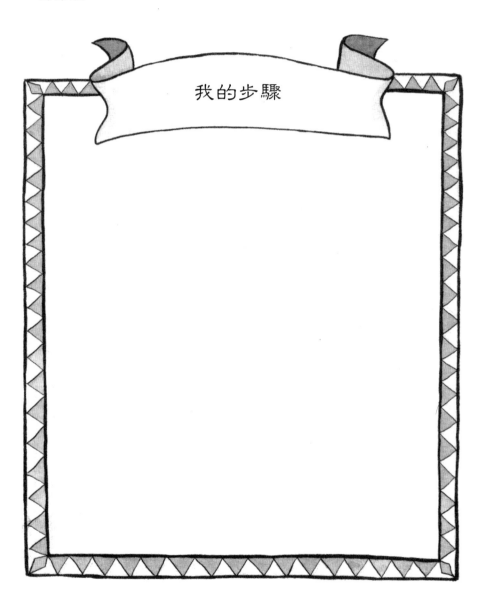

我的步驟

你需要從你教練那裡獲得支持及鼓勵。跟你教練談談如何對你的認真工作做獎賞：一小步得小獎賞，中等的一步得中等獎賞，一大步得大獎賞。

以下是獎賞的一些例子：

小獎賞：

- 選擇一家人晚餐吃什麼

- 獲得電視遙控器一天的掌控權

- 可以額外玩遊戲或看書的時間

- 一份小點心

中等獎賞：

- 讓一位好朋友來家裡過夜

- 外出吃冰淇淋或比薩

- 選擇租哪一片光碟片

- 烤餅乾

- 走路散步

大獎賞：

- 獲得手工藝品或藝術作品的材料並且有足夠時間來完成

- 跟朋友一起看電影

- 獲得新玩具

列出你喜歡的一些獎賞。

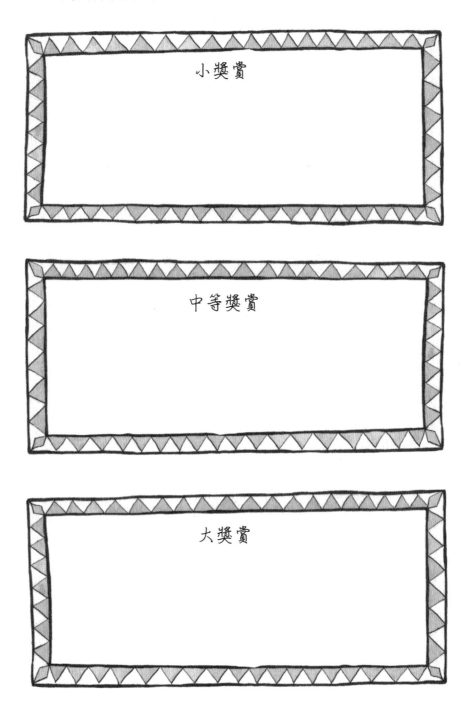

小獎賞

中等獎賞

大獎賞

故意犯錯並不容易，因爲你需要做出讓你**焦慮**的一些事情。你必須提起勇氣，勇往直前，**面對你的害怕**。不要去「抵消」任何一步，或是告訴自己說那沒什麼用。也不要讓自己分心。假如你覺得很有挑戰性，那你就做對了！

通常，當你習慣於你所做的事情，你就比較不會感到焦慮。在採取更大一步之前，若需要更多的練習，你可以改天再重複一次步驟。

一旦你成功採取這些步驟，你就會更加習慣於犯錯、被三振、對某些事情做得沒那麼好，或是失去某些東西。

誰會認爲犯錯是一件好事呢？如果你更願意冒險和接受犯錯，你就可以學到更多，因爲你會從錯誤中學習。你也會有更多經驗，因爲你更願意跳進去嘗試新的事物。所以，繼續往前走……表現得像個探險家，然後勇敢進入犯錯的未知領域中。

第八章

你有什麼很好的部分？

一個好的探險家需要專注在很多事情上。就好像一個探險家抵達一個未開發的島嶼並開始環顧四周。她往下看到了黏稠的沼澤。她知道如果她踏進去的話，她的靴子會陷進去並且卡在裡面，於是她划船離去。但假如她當時往上看，她可能會發現一些漂亮的椰子樹、延綿的山丘，以及在海岸邊過去一點點的地方有個美麗的沙灘。

這就像一個只注意到自己某部分的人。留意自己不同的部分很重要。擴大你的視野，這樣你才不會因為只看到腳下的泥濘而錯失美好的風景！

　　有時候難以接受錯誤的孩子只留意他們的某部分經驗，那些使人挫折的部分！人不是萬能的，但是每個人都有自己能做得好的部分。不要漏失你能做得好的部分是很重要的事。

花幾分鐘謹慎思考關於你自己。問自己幾個有關於自己很好的部分的一些問題，然後當你下一次開始太過專注於錯誤，就在你的心裡重新提醒你自己：

1. 你喜歡什麼樣子的你？

_____

2. 在你的房間裡，什麼最讓你引以為傲？

_____

3. 你的朋友喜歡你哪一點？

_____

4. 你擅長什麼？

_____

5. 什麼事情你很認真的做，讓你引以為傲？

_____

6. 什麼事情讓你家人引以為傲？

_____

當你只專注在錯誤，你會感到**焦慮**和壓力。你也可能忘記什麼事情能夠讓你感覺很棒。你可能不會想到你做什麼活動之後讓你感到開心和平靜。當這些**沒有幫助的想法**開始變強，你可能會忘記去做那些讓你很享受的事情！回答這些問題能夠幫助你想起什麼事讓你感覺很棒：

1. 在你房間裡的哪一件東西能夠讓你感到平靜和開心？

_____

2. 你做了哪一件事情能讓你朋友露出笑容或是大笑？

_____

3. 你能想起哪一次你很投入某一項活動，於是感到時間過得特別快嗎？

_____

4. 你喜歡與你父親或母親一起做什麼活動？

_____

5. 假如天氣下雪（唷呼！）而且又停電了，你會怎麼利用你的時間呢？

_____

所以你有時會犯錯是什麼意思？讓我想想，那代表你不是超級英雄。事實上，那表示你是一個正常的人類。

　　你能想像跟一位從來沒有犯過錯的人出門閒晃多難嗎？挺難纏的！有時候你有缺點能幫助你更敏感以及更了解其他人（因為他們也有缺點）。

　　還有，記住，其他人有時候喜歡贏，他們會告訴你一些你不知道的事，教你一些事，但並不是每件事都對！當別人犯錯，能夠記得這個並還能當好朋友，這就叫做**同情**。

　　對別人**同情**很重要，對你自己也是。**自我同情**是指對自己寬容，像你對待朋友一樣。這裡有個遊戲能夠幫助你練習**自我同情**。

將一隻泰迪熊放進去

　　很多孩子都會有特別的填充動物玩具。如果你有一個，你知道它不管如何都會關心你以及接納你。現在，閉上眼睛並且想像有隻泰迪熊在你身體裡。它有可能在你頭裡面，也可能在你心臟旁邊，或是任何你覺得對的地方。創造那隻泰迪熊的一張圖片在你心裡。給它一個可愛的臉和溫和的微笑。確保它很柔軟，令你很想擁抱，而且是個適合擁抱的大小。現在，告訴它讓你快樂的事情。注意它如何保持溫和的微笑。試著告訴它讓你挫折的事。它的笑臉不會變。它關心你，無論如何它都會在那裡！想想看對於你有時候犯的錯，它會說出什麼寬恕和親切的話。想像一下它會怎麼幫助你對那些事感到好過一點，並且給你一個擁抱來展示它的關心。

　　在心裡擁有一隻泰迪熊最棒的是你能帶它到任何地方。如果你經常練習，你甚至能夠在你睜開眼睛的時候找到它。

第九章

你一定做得到！

你正在學習對新的經驗保持開放的態度並且接納錯誤。你正在探索用不同的方式看待失敗，以及發現如何用不同的方式來處理犯錯的經驗。

　　學習新的技巧需要時間和練習。現在你就像是一位探險家，需要對過去未知的領域創造出新的通道和新的地圖。那可能相當難，但你越常運用你的新技巧，你做起來就能夠越自在。

　　你會越來越能夠掌握那些**沒有幫助的想法**並且挑戰它們。而且，你越能夠接受錯誤、弄亂和三振出局都是每個人的生活經驗的一部分，你就越能夠習慣與錯誤共處。然後你就能找到更多的時間去做你喜歡的事情，最終也對自己感覺更好，心情也更加平靜。

閱讀這本書所獲得的新發現並不是只適用於兒童，終其一生你都可以加以運用。因此，你要保留此探險家的日誌，有時候拿出來看一看。

新　　發　　現

當你用讓你不舒服的方式來看待錯誤，就挑戰那些**沒有幫助的想法**。

不要災難化：在沒有幫助的想法滾雪球到失控之前就先挑戰它們。

避免非黑即白的想法和自我批評的想法。要留意有哪些想法會讓暫時的困難看似無法改變，同時也要成為自己的知心朋友！

一旦你犯錯，就以**負責任的方式行動**。道歉、修補錯誤或處理問題。

獲得新的視野並且**接受失敗**。

面對你的害怕。願意冒險犯錯。

練習自我關懷。

恭喜你完成了你的探險。以下請填寫你的聲明：

在 ＿＿＿ 年 ＿＿＿ 月 ＿＿＿ 日

＿＿＿＿＿＿＿＿＿＿＿＿＿＿＿＿

（填入你的名字）

發現了**挑戰沒有幫助的想法**很有用的方法和工具，從此以後更將成為一位自我接納的公民，充分了解錯誤只是生活的一部分。